www.tredition.de

AF196927

Hanna Syriah

Trittsteine

Gedichte

© 2020 Gedichte: Hanna Syriah
© 2020 Aufnahmen:
   Gudrun Paysen
   Lüder Paysen
   Felicia Eisel-Holub (S. 52):
   Wandteppich

Verlag & Druck:
tredition GmbH,
Halenreie 40-44,
22359 Hamburg

EINE SCHALE TEE AM MORGEN

Jeden Morgen

Das Schwert umgürtet

Trittst du hinaus in den Garten

Dort unten im Teehaus jenseits der roten Brücke

Alles überschreitend

Den Kies, die Trittsteine, den Stechginster

Das Schwert abgelegt

Nimmst Du die Schale Tee

Vom Meister unter vielen Verbeugungen

Traumlos

Ziehst du dann in die Schlacht.

FERN VON ALLEM

Ein niedriges Holztor

Du ziehst den Kopf ein und schlüpfst hindurch

Es weitet sich der Blick

Die roten Ahornblätter wie Mahnmale aus dem Reich der Toten

Rubine, die dich ins Erdinnere führen

Der geharkte Kies jenseits der Balustrade

Das Urmeer, in dem deine und meine Adern geboren wurden

Unbeweglich

Zwei Kegel ragen auf

Taikai - großer See

Kein Laut

Doch jetzt ein leises Geräusch – sieh nur

Ein Vogel lässt sich auf dem Bodhi-Baum hinter den Kegeln nieder.

Er singt.

Und die Trittsteine geben den Klang seiner Weisen wider.

DAS TOR NACH DRAUßEN

Im Morgengrauen betritt der Abt den Garten.

Heute will er Hand anlegen lassen an all den Bäumen,

die anfangen, wild zu wuchern.

Er erwartet die Gärtner.

Weshalb er im hinteren Teil an der Mauer, die das Kloster
umschließt, das niedere Holztor öffnet.

Er muss sich dabei etwas bücken.

So passiert es, dass er an einen kleinen Kiefernast stößt,

der neben dem Tor wächst.

Verharschter Schnee rieselt herab.

Er streckt die Hand danach aus und möchte ihn auffangen.

Doch zu spät - seine Hand bleibt leer.

Da lacht er schallend

Und hebt den Schlüssel auf, der ihm aus der Hand

gefallen war.

MOOS

Hoch oben hinterm Nebel im Tempel

Wird die Cymbel geschlagen

Ein heller Ton erklingt.

Er rollt den Berg hinunter dir vor die Füße

Du hebst ihn auf.

Deine Brust, ein- ausatmend, umschließt ihn.

Du zündest die Kerze an

Und denkst an das blaue Band hoch droben in den Lüften.

Die Fülle, dich selbst, den Jasmin, alle Düfte, die Töne,

das strömende Leben willst du für immer erleben

Alles soll immer da sein!

Ohne Vergehen ohne Vergänglichkeit

Doch der Ton verklingt

Denn hoch droben im Tempel schließt der Mönch das Fenster

Er legt die Cymbel zurück in ihr mit Samt ausgeschlagenen Kästchen

Er kniet nieder und beugt den Kopf tief.

Was ist jetzt zwischen uns?

WABISABI

Heute gehen die Toten ihre eigenen Wege.

Sonst gehen sie immer ein und aus durch dein Herz hindurch.

Auch der Wind kümmerte sich nicht darum, dass du einen festen Leib hast.

Er wehte einfach durch ihn hindurch

Und du hattest den Mut, es geschehen zu lassen.

So gingen alle ein und aus in dir, deine Mutter, dein Vater.

Das Toriji warst du jetzt, die Verbindung von Drinnen und Draußen, auch in die jenseitige Welt.

Rot mit Doppelbalken – du.

Denn es weht der Wind nicht nur von Osten

Auch der Nordwind nahm dich mit in den Süden zu den Lebensbäumen, die die Toten bewachen.

Er nahm dich mit zu den Friedfertigen, die ihre Schürzen in die Küchen hängen und die Töpfe spülen, denn gegessen wird immer!

Und dort bei den Ungetrösteten, die über all die Toten klagen, die beileibe nicht mehr auferstehen werden, dort schlugst du deine Wohnstatt auf.

Wie soll es jetzt noch ein Erwachen geben?

Wie sollen die Toten alle noch gehört werden, die einst ihre Häuser bewohnten und vor uns die dunklen Meere bevölkerten?

Einige Schriften werden bleiben, einige Gedanken vielleicht, wenn wir verschwunden sind von dieser Erde,

aber ansonsten bleibt nur eine papierdünne Schicht von unserer Zivilisation in den Sedimenten zurück.

Wie leicht kann der Wind diese zerbröseln.

Aber denke nach - ist es nicht vielmehr der Wind, der durch uns hindurchweht,

der All-Wind,

der alle Körnchen durcheinander wirbelt und alles immer wieder von vorne anfangen lässt?

Er allein nötigt uns doch die Tränen des Glücks ab.

Seligkeit des Lebens und Schmerz des Lebens liegen ganz dicht beieinander.

WO BIST DU?

Die Blätter des Ahorns sind rot gefärbt.
So rot wie dein Blut
Da sieh- ein Tropfen leuchtet jenseits der Balustrade
Doch als ich hingeeilt bin
Sitzt nur ein Vogel darauf und singt.

KAMOFLUSS

Am Kamofluss stand ich an einem Herbsttag wie so oft schon

Die Blätter des Ahornbaums rot gefärbt

Runde Steine wie Elefantenrücken ragten aus dem Wasser

So rund wie die verborgenen Trittsteine in meinem Garten, die mich durch die Kühle des Herbstes immer zu dir geführt hatten,

Die Arme um die Pfosten des Teehauses geschlungen, standest du da, dein Schwert abgelegt,

Von drinnen hörte ich den Meister den Tee zubereiten

Ich spürte den Dampf auf der Haut.

Du wurdest gerufen und ich blieb zurück

Über die rote Brücke führte mich der Weg zurück

Der Nebel legte sich auf meine Lungen

Ich atmete schwer

Ich ahnte, dass du bereits zum Schlachtfeld am Kamofluss geritten warst

Die beiden Schwerter kampfbereit gezogen

Alles blitzte vor Waffen

Und ich ahnte, dass das erste Blatt, das fällt, du sein wirst, den der Kamofluss mit sich tragen wird.

Weg von mir.

SEHNSUCHT I

Die Glocke läutet.

Buddha lässt seine langen Finger

Unter die Ärmel der Robe gleiten

Wolken ziehen auf

Du bleibst nicht stehen, denn die Geliebte ruft dich.

Du wirst ihr das Ebenholzkästchen bringen, das du unter dem Yukata trägst

Dein Herz brennt

Deine Augen tränen

So blind bist du

Göttergleich wandeln wir oft- fassungslos über die Bodenlosigkeit unseres Glücks.

Du und ich – Hand in Hand durch das Toriji hindurch.

VERBINDUNGEN

Als alles gesagt ist, liegt Stille über dem Raum.

Als alles gesagt ist, verlässt du den Raum.

Und gehst über die Brücke draußen, die Deine und meine Welt verbindet

Wind kommt auf

Das Wasser kräuselt sich

Du aber hast nur Augen für den Ahorn über dir, dessen blutrote Blätter

Eines und noch eines – auf den Pfad vor dir fallen, leise sich drehend

Trockenes Rascheln

Sich von allen Seiten zeigend, ungeschützt so fallen und leben auch wir

Wir Menschen ohne Rang

Ich hebe drinnen im Teehaus die Tasse an meinen Mund und schaue dir nach.

Du gehst über die Brücke draußen

Und blickst dich nicht um.

Buddhas Gesetz

ADLER

Blumen am Wegesrand

Kleine Freuden

Dein Herz

Groß und traurig

Wo warst du als ich den tausendjährigen Blütenweg beschritt

Durch die 230 roten Torij des Inari-Schreins

Unablässig fürchtend, dass es niemals ein Ende haben würde?

Dieses Leben

Durch Tore schreitend unablässig

Täglicher Aufbruch

Wohin nur?

DAS MEER DER FRUCHTBARKEIT

Von den ungleichen Trittsteinen

Fliegen die Kraniche auf

Die kahlen Kegel aus Kies

Bedrohlich wie die kahlen Äste

Deines Herzens

Du blickst zurück auf die Welt, die man dir gelassen hat.

Rot wie Blut die Blätter, die der Herbst geformt.

Keines stürzt herab.

Doch der Bodhi Baum im Hintergrund wird bald wieder sprießen

Und das blaue Dunkel deines Kimonos fliegt draußen vorbei.

JENSEITS DER ZEITEN

Auf Holzsandalen trippelst du über die Steinfliesen

Ein Hauch nur

Den Rock eng um dich gezogen

Weiße Jasminblüten regnen auf die moosgrüne Seide deines Kimonos herab.

Du eilst zu deinem Geliebten

Stumm fast zitternd wirst du dein Haar lösen

Die Schuhe abstreifen

Und dich erlöst in das hohe Bett der rotglänzenden Brokatkissen legen

Ohne die Feder aus der Hand zu nehmen

Träumend gleitest du dahin

Fern aller Trauer

Alle Wünsche vergessend

Nur eines bleibt - die Klarheit

Des Mondes Sichel noch einmal sehen zu dürfen

Ein lilafarbenes Wolkenband zieht davor.

Alles verbirgt sich.

Aber dein Scheitel glänzt im Mondlicht.

Für Li Quingzhao

EINMAL WAR ES SO IN JAPAN

Damals tranken wir noch den Tee aus filigranen durchscheinenden Teeschalen

Fest auf unseren untergeschlagenen Beinen kniend

Würdevoll nippten wir am bitteren Tee

Als plötzlich die Kraniche, die weiß Gefiederten, rasch über unseren Köpfen aufflogen und sich den Wolken näherten, die wie dein und mein Gesicht aussahen.

Wir sahen es nicht, wir wussten es nicht, aber wir waren dessen gewiss.

Wir nippten weiter würdevoll an unserem bitteren Tee

Nachtblaue Farbe umfloss uns.

Auf den letzten vier Trittsteinen vor unserem Teehaus bewegte sich eine schwarze Gestalt schnell auf uns zu-

Das Langschwert Katama bereits gezogen,

Unsere Köpfe sollten rollen, da die weißen Kraniche uns bereits verlassen hatten

Und die nachtblaue Schwärze sich bereits auf unsere Köpfe zu legen begann.

Da tritt der Krieger ein, sieht uns und beugt tief den Kopf.

Immer wieder aus der Leere heraus.

Wir hoben die filigranen durchscheinenden Teeschalen

Und nickten ihm zu.

DRINNEN UND DRAUßEN

Dreimal schlägt der Abt das Schlagbrett am Eingang zur Zendo.

Die Mönche treten ein lautlos wie schwebend.

In makelloser Reihung – einer verschwindet hinter dem anderen

In Wellen klingt der Schlag nach

Drei tiefe Verbeugungen: zum eigenen Platz, zum Meister, zu Buddha

Dann folgt Kinhin -Gehmeditation

Weiße Füße berühren die Tatamis kaum

Kein Geräusch

Von draußen sickert trübes Winterlicht herein

Wer schauen würde, sähe nun in Umrissen die drei Felsen, die sich dort im Garten erheben

Gerahmt durch das Fenster

Ein roter Streifen davor

Alles ist wie mit weißem Puder überzogen

„Mensch werde wesentlich", steht am Eingang zur Zendohalle

Die Stabglocke erklingt.

Jeder Mönch nimmt auf seinem Sitzkissen Platz.

Von neuem wird dreimal die Glocke geläutet.

Die Stille vertieft sich.

Draußen im Garten kommt leichter Wind auf - die Schneeflocken werden aufgewirbelt.

Ein Schauspiel entfaltet sich auf der Felsenbühne.

Doch drinnen lehnt immer noch der Schlagstock an einem Pfeiler des Altaraufbaus.

Die Unerschütterlichkeit des Strebens wurde bewiesen.

Fünf Tage lang begehrte jeder von ihnen um Einlass ins Kloster.

Jeden Tag kam der Abt und sagte nein.

Zum Klang der Schlaghölzer verneigten sie sich.

Neben sich ein kleiner Rucksack mit den Habseligkeiten.

Sie harrten aus.

Jetzt beginnt das Ritual von neuem.

Jetzt sieht jeder, dass der Wind an Kraft zunimmt.

Auch mit geschlossenen Augen.

Der Schnee wird fortgeblasen von den Spitzen der aufragenden Felsen.

Buddha zu Ehren.

Das rote Band im Innern beginnt zu leuchten

Und draußen neigen sich die Bäume den Felsen zu

Schneebeladen geben sie Schutz.

Da rutscht vom Dach der Buddhahalle gegenüber ein Schneebrett

Im Fallen noch löst es sich auf

Da hebt der Vorsteher den Stock und schlägt dich.

Da fällt das ganze Bild in sich zusammen.

Du verneigst dich.

Und die Mönche erheben sich zum Kinhin.

Unerschütterlich.

SEHNSUCHT II

Kaltes Geräusch der Getas auf den Trittsteinen

Die von den Gärtnern abgeschnittenen Zweige überflüssig

Gebändigte Natur

Wo bist du, den ich den ganzen Sommer über nicht gesehen habe?

Welche Geschäfte hielten dich von mir fern?

Meine Schritte verhallen im Dunkel des Gartens

Die weißen Kraniche fliegen von meinem lilafarbenen Gewand auf.

Dampfendes Teewasser im Kessel.

Deine Schale bleibt unbenutzt.

WINTER

Es wird abgewogen.

Deine Füße, deine Hände - bloß
Dein Gesicht blank.
So trägst du die Laterne zu mir.

Der Tempelgarten
Kein Mond, Schnee überall
Meine Hand ausgestreckt.

DAISEN-IN

Niederknien auf einem Schemel

Niederknien auf einem weichen Schemel

Die Tage langgezogen

Die Gebetstrommel wechselt von der rechten in die linke Hand

Die schnellen Drehbewegungen lassen deine Unruhe hinaus.

Rhythmisches Schlagen der beperlten Lederenden auf der Haut der Trommel.

Morgendämmerung bricht über das Kloster herein.

Eine schmale Sonne ist zu erahnen.

Ein kurzer Blick in den Garten.

Der Wind streut die Kamelienblüten auf den Kies hinab.

Davon unberührt stehen die beiden Kegel.

Gedankenverloren greifst du nach den fleischfarbenen Trompetenblumen vor deinem Fenster.

O welche Freude!

SPÄTER

Den dunklen Kontinent durchschritten

Das Vage, Herzlose verschmähe ich

Die Dornen der Rosen sind nicht mehr für mich

Dein Leid trügerisch.

Auf den kargen Hochebenen läutet man bereits die Glocken zum Gebet.

Es ist immer noch kalt

Doch die Gebetsmühlen lassen ihr klack klack hören.

Plötzlich ein hoher Ton, der alles durchzieht

Ein klagender Ton- eine Sühne, die von den höchsten Bergen ausgeht

Gottferne

Gottlosigkeit

Der Traurigkeiten viele

So geht wie immer der Nebel durch dich hindurch

Der Tag versinkt darin.

Die Welt ist stumm

Nur das klack klack ist zu hören

Und alles glänzt golden.

Mit jedem Ton fängt es neu an.

Die Wolke am Himmel
hat ihren Schatten
in die
Wellen
deines
Herzens
geworfen.

Xu Zhimo

ZUSAMMENFLIEßENDES WASSER

Endlich.

In Japan

Kein Ort, den du noch aufsuchen kannst, kein Ort nirgends

Keiner je

Keiner damals

Und keiner, der mir die Hand reicht

Zum blutleeren Kuss.

Doch was zählt das alles, wenn wir es nur gemütlich haben

Im Halbschatten

In den Dschunken, mit denen wir übers Meer fahren

Von Java herkommend

Durchpflügen wir die See – hoch tief

Wie es uns gefällt

Wir durchpflügen die Japanische See und wollen hoch
hinaus!

Doch wie ein Tanzbär liegen wir an der Kette

Der Wind zerzaust unser Haar

So wie wir da am Steuerrad stehen

Der Wind bläht unsere Kleidung auf

So wie wir da am Steuerrad stehen

So voll froher Erwartung

So glücklich

Und doch so empfindungslos ob der Gefahren

Die Gischt spritzte hoch und bedeckte uns

Als hätte uns ein fremdartiger Stern mit seinem Plasma bespuckt

So nah und fremd und fern waren wir allem

Doch wir hielten uns an den Händen,

Als wir später an Land gingen drüben auf Kyushi

Die Japanerinnen trippelten mit Ihren Kimonos vorbei – die Schirme wie Eishütchen aufgespannt

Keinen einzigen Blick konnten wir erhaschen.

Klick Klack hielten wir uns an den Händen

Und wunderten uns über die Sonneneruptionen die alle gleichzeitig wie bengalische Feuer aufflammten

Als hätte jemand einen Schalter umgelegt.

Klick Klack.

So sah unser Ende aus.

Danach fragten wir uns, ob wir es jemals wieder gemütlich haben werden

Wir nahmen untern den Bodhibäumen Platz, nachdem wir uns gereinigt hatten, alles Plasma abgewaschen

Zicke Zacke hoi hoi hoi

Wie gesagt – wir nahmen Platz unter den Bodhibäumen

Erst dann ließen wir unsere Hände los

Und die Damen in ihren Kimonos erlaubten sich weiterhin mit ihren schwarz lackierten Getas klick klack auf den Trittsteinen Lärm zu machen.

Das war alles.

Beängstigend war nur die schwarze Nacht, die sich auf uns herabsenkte, der Tau benetzte unsere Lippen

Wir tranken.

Kieselsteine rieselten herab

Da erkannten wir die Forelle, die nach oben springt.

Und zum Adler wird.

LI QUINGZHAO

Mein Weg war sehr lang.

Doch bald sterbe ich

Ich habe mich der Dichtkunst ergeben.

Viele haben in meinen Gedichten Trost gefunden

Sie suchten die Erhebung in meinen Versen.

So sprachst du.

Lass die stürmische See weiterbrausen, damit auch sie mich zu den Inseln der Seligen trägt.

Und ich dich wiederfinde.

Alle Träume sind in mir zusammengeflossen

Unsere Liebe habe ich immer weitergeträumt

Die zweitausend Palastfrauen der Song-Dynastie erreichten meinen Glanz nicht

Denn ich glänzte mit deinen Augen

Auf sie regnete es die kalten Pflaumenblüten herab.

Ihr Lohn war metallisch

Der die Tränen der Vergangenheit wieder fließen ließ.

So bleibt mir jetzt nur das Glas Wein an meinen roten Mund zu heben und

Die Blätter meines Ichs aufzufalten.

MANN UND FRAU

Am Teehaus im Schatten der Tamarindenbäume treffen sie sich wieder.

Welch langer Weg hinter ihnen liegt, können nur sie erahnen.

Immer und immerzu nahm er den Weg rechts an den Trittsteinen vorbei und sie links

Immerzu

Die Seide ihres Kimonos raschelt, als sie eintritt.

Er lehnt seinen Stock an die Schiebetür.

Die weißen Kraniche auf blauem Grund fliegen auf.

Er ist verwundert, dass die kalte Luft noch weißer wird von all dem Geflatter.

Im Dunkel des Teehauses erzeugt allein der dampfende Kessel Helligkeit.

Ihre Hände heben bittend die Tasse empor, er sieht Ihre geschlossenen Augen und wundert sich über seine zitternden Hände.

Das Klopfen seines Stocks ist immer noch zu hören und die

Schreie der Kraniche über dem lackierten Dach des Teehauses.

Der Mond scheint auf die Abzweigungen im Garten.

NADESCHIKOBLÜTEN

Seine schwarzen Röcke rascheln

Gestärkte Baumwolle über weißen Socken

Er verbeugt sich tief, als er ihr Haus betritt.

Seine Stirn klopft auf geölte Eiche – so tief verbeugt er sich.

Das Gewitterbrausen draußen noch im Ohr legt der Samurai

Seine beiden Schwerter auf die mit rotgoldenen Intarsien verzierte Bank.

Das Lang- und das Kurzschwert –Katana und Wakizashi

Die weißen Chrysanthemen blitzen auf

Nochmal verbeugt er sich dreimal tief und spürt den bereits glühenden kotatsu an seinen Fingerspitzen.

Im Teezimmer steigt dichter Dampf auf, als Inoue das Wasser in hohem Bogen auf die vorbereiteten Blätter gießt.

Da sitzt er bereits regungslos, als sie den Tee in die Schale mit den Schwertlilien am Ufer eines Sees gießt.

Regentropfen rinnen die Fensterscheiben herab.

Sie können einander nicht sehen.

Im großen Tatamizimmer sitzen die Ahnen auf ihren Sockeln.

Ernst blicken sie herab.

Der Sake vom Neujahrsfest ist unberührt.

Die Schlafmatten sind bereits ausgerollt.

Später wird er ihren weißen Nacken berühren

Und ihr kirschroter Mund wird sich öffnen.

Draußen weht der Sturm eine rote Nadeshikoblüte vom Strauch

Und verströmt den zarten Duft der Frauen.

Die Wärme des Teeraums weicht der Kühle im Zimmer.

Verwunschene Tautropfen lassen sich auf seinen Schwertern nieder.

Als er den Obi ihres tiefblauen Kimonos mit den roten Nadeshikoblüten löst

Hebt er den Blick

Und sieht das Schlachtfeld, das ihn morgen erwartet.

ANDRÀ TUTTO BENE

Die Krise wirft uns heimwärts.
Dorthin, wo alles entspringt
In die Glut des Herzens.
Tenzai sagt zu Soeki
„Warst Du heute schon glücklich?"
„Bist Du anwesend?"
„Wo bist Du?"

Unsere Wünsche waren größer als alle Bäume.
Sie wuchsen himmelwärts – ohne Maß.
Doch jetzt will keiner immer noch mehr. Jetzt haben alle genug.
Auf einmal will keiner mehr in fremde Länder fliehen.
Auf einmal genügt es, die Frühlingssonne hier auf der Haut zu spüren und uns über die orangefarbenen Blüten des Granatapfelbaumes hinweg die Hände zu reichen.
Wir sind einfach nur da- du und ich – die schönste Verbindung.
Träume, die aus dem Jenseitigen gespeist werden
Ein Hauch nur
Immerzu
Der rote Sperling reißt sich die Federn aus

Denn er ist der einzige mit dieser Färbung

Verboten!

Der Schnee schmilzt auf den beiden Kies- Kegeln im Garten
Und du und ich wir träumen unter dem Bo-Baum von uns.

Die Tage der Federboa werden vertäut.

Der ganze Flitter wird in eine seetaugliche Kiste geschoben
und ins Neue Jahr geschickt.

Dieses Jahr wird gestrichen.

Wir sehen den anderen nicht mehr, da wir uns fernhalten
müssen.

Doch die Melodien von Balkon zu Balkon lassen uns hoffen.

Andra tutto bene.

Die vielen Toten! Von Mensch zu Mensch gehen wir
zusammen weiter!

Wenn im nächsten Jahr die rosa Apfelblüte beginnt, werden
wir sehen, wer von uns den schwarzen Lehmboden
bearbeiten wird, um neues frisches Grün hervorzulocken.

Bis dahin regnen die orangefarbenen Blüten des
Granatapfelbaumes auf die beiden Kies-Kegel

Im frisch geharkten Zengarten.

Der Mönch stellt seinen Rechen hinter das Wasserbecken.

DER GANG ZUM SEE

Welche Zeit möchtest du spüren?

Die vergehende Zeit, die sich von Minute zu Minute schleicht?

Und nicht gesehen werden möchte.

Die stehende, die die volle Apfelblüte von Augenblick zu Augenblick trägt?

(Doch nur zu einer gewissen Grenze- du weißt -bleibt sie stehen

Denn jeden April fallen die Kirschblüten in Japan in einem weißen Regen herab.

Du warst nicht da, um sie dort in den Parks von Tokio aufzusammeln.)

Denn du weiltest fern im Kodai-ji Garten und starrtest auf die beiden Kieskegel, als die erste Blüte fiel.

Taumelnd flog sie herab -wie du dein Leben lang- stürzend.

Damals hättest du vielleicht gespürt, wie es ist, vergangene Zeit aufzusammeln, wenn du ruhig und zuversichtlich gewesen wärst.

Im östlichen Teil des hojos wundertest du dich über die absichtslos hingestreuten Steine.

Wild durcheinander liegen sie da.

Sie bezeugen das Ende.

Doch zurück zu deiner Frage über das Wesen der Zeit!

Jeden Augenblick verlässt du dein Holzhaus und gehst hinunter an den See.

Es ist Mai und die schwarzen Planken des Bootshauses sind festlich gestimmt.

Das schwache Licht, das durchscheint, beleuchtet die Marienkäfer, die sich dort niedergelassen haben.

Sie sind aufgeregt, denn sie warten auf dich.

Doch du weißt nichts von dem lebendigen Glühen auf schwarzem Holz

Im einfallenden Licht der Dämmerung

Du weißt nichts davon, da du unter der dunklen Fichte stehst, um die hellen Sterne zu betrachten.

Die Stadt liegt weit hinter dir wie die Jahre und jetzt kannst du sie wieder sehen- die Sterne

Deine strahlenden Begleiter.

Spürst du die Seligkeit der auseinandertriftenden Zeitalter?

Siehst du Atlas, wie er das Weltall trägt?

Und die Karyatiden- den Tempel deines Leibes?

Welcher Stern dort oben bist du und für wen scheinst du jetzt und in ewigen Zeiten?

Doch immer noch sitzt du auf den Stufen der Holzbalustrade des Kodaji-Tempels und betrachtest die Kieskegel.

Tränen fließen über dein Gesicht.

Für Michael Krüger (3)

Zeitfracht Medien GmbH
Ferdinand-Jühlke-Straße 7
99095 Erfurt, Deutschland
produktsicherheit@kolibri360.de